OLYMPUS GUARDIAN 68

우리 신화를 만나다, 세계 신화를 만나다

글 박은하 그림 윤상설

주니어 RHK

차례

1 우리나라　　5
- 새 나라를 세운 단군 이야기
- 아기를 낳게 해 주는 삼신할미
- 소별왕과 대별왕

2 아시아　　22
- 중국　　세상을 만든 거인, 반고
- 인도　　행운 신의 탄생
- 라오스　왜 인간은 하루에 세 번 밥을 먹을까?

3 유럽　　34
- 로마　　늑대 젖을 먹고 살아난 쌍둥이 형제
- 동유럽　사람이 여든까지 살게 된 이유

4 아프리카 — 42

- **이집트**   파라오가 되었던 태양신, 라
- **아프리카**   태양과 달이 생겨난 이야기

5 아메리카   사람 만들기 — 52

6 오세아니아   섬을 건진 마우이 — 56

우리나라

새 나라를 세운 단군 이야기

아주 먼 옛날, 하늘나라에는 환인이라는 하느님이 백성들을 다스리며 평화롭게 살았어요.
환인에게는 환웅이라는 아들이 있었는데 환웅은 하늘나라에서
땅을 내려다보며 늘 사람들이 사는 모습을 지켜보았어요.
"저 인간 세상에 내려가 널리 인간을 이롭게 하는 일을 하고 싶구나!"
아들의 뜻을 알게 된 환인은 거울, 칼, 북을 주고 땅에 내려가 사는 걸 허락했어요.
거울은 하늘의 빛을 부르고, 칼은 *천군만마를 모으고,
북은 천둥과 번개를 일으키는 힘을 지녔지요.

*천군만마: 천 명의 군사와 만 마리의 말. 아주 많은 수의 군사와 말을 이르는 말.
*천부인: 하느님이 제왕에게 내려 전한 세 개의 표지.
*신성하다: 함부로 가까이할 수 없을 만큼 고결하고 거룩하다.

환웅은 아버지가 주신 *천부인 셋을 몸에 지닌 채 하늘나라 신하
삼천 명을 거느리고는 구름을 타고 땅으로 내려왔어요.
바람 신, 비 신, 구름 신이 환웅의 뒤를 따랐지요.
환웅이 처음 내려온 곳은 지금의 백두산이었어요.
환웅은 백두산의 *신성한 나무 아래에 도읍을 세웠어요.
그러고는 세상살이의 모든 일을 다스렸지요.
옳고 그름을 가르고, 곡식을 자라게 하고, 병을 치료하는 등
인간에게 삼백육십 가지나 되는 이로운 일을 해 주었어요.
그러자 환웅이 다스리는 곳은 평화롭고 살기 좋은 곳이 되어
사람들이 점점 더 많이 모여들었지요.

한편 백두산 자락에는 동굴이 있었는데 그 안에서 곰 한 마리와 호랑이 한 마리가
살고 있었어요. 어느 날 곰과 호랑이는 환웅을 찾아가 말했어요.
"저희도 꼭 사람이 되어 살고 싶습니다."
환웅은 쑥 한 줌과 마늘 스무 쪽을 주며 말했어요.
"이것을 먹으며 동굴에서 백 일 동안 햇빛을 보지 마라. 그러면 사람이 될 것이다."
곰과 호랑이는 컴컴한 동굴로 들어가 쑥과 마늘을 먹으며 지냈어요.
그러다 보니 아주 힘들었어요. 밖에 나가지 못하니 답답한 데다,
사냥을 할 수도 없고 쑥과 마늘만 먹어야 하니 언제나 배가 고팠지요.
결국 호랑이는 도저히 참지 못하고 굴 밖으로 뛰쳐나갔어요.
곰은 혼자 남아 묵묵히 견뎌 냈어요. 그렇게 스무하루가 지나자
곰은 아름다운 여인의 몸으로 변했어요. 바로 웅녀였지요.

사람이 된 웅녀는 자식을 낳고 싶었어요.

"부디 제가 아이를 가질 수 있게 해 주십시오."

웅녀는 날마다 나무 아래에서 소원을 빌었어요.

그 모습을 딱하게 여긴 환웅이 사람의 모습으로 변해 웅녀와 결혼했답니다.

얼마 지나지 않아 웅녀는 아기를 가졌고, 환웅은 다시 신의 모습으로 돌아왔지요.

열 달이 지나자 웅녀는 혼자 아이를 낳았어요. 튼튼한 사내아이였지요.

환웅은 기뻐하며 아이 이름을 단군이라고 지었어요. 단군은 무럭무럭 잘 자랐습니다.

어른이 된 단군은 아버지 환웅이 그랬듯이 백성을 잘 다스려

많은 사람이 그를 믿고 따랐어요.

"나는 이제 세상에서 할 일을 다 했다. 너도 나라를 세울 때가 되었다.

이것이 나를 보내신 하느님, 환인의 뜻이다."

환웅은 단군에게 이르고는 다시 하늘나라로 돌아갔어요.

단군은 임금이 되어 사람들을 이끌고 아사달이라는 새 땅에 터를 잡았어요.

거기서 새 나라를 세웠지요. 비로소 빛나는 아침의 나라, 고조선의 역사가 시작되었답니다.

우리나라

아기를 낳게 해 주는 삼신할미

옛날, 아주 먼 옛날에는 세상 사람들에게 아기를 낳게 해 주는 신령인 삼신할미가 없었어요.
사람들은 삼신할미가 어서 나타나기를 기다렸지요. 삼신할미가 생긴 이야기를 알아볼까요?
옛날 바닷속 용왕이 다스리는 나라에 여자아이가 태어났어요.
동해용왕과 서해용녀 사이에 태어난 아주 귀한 외동딸이었지요.
용왕 부부는 딸을 아주 귀여워하며 딸이 원하는 것은 무엇이든 다 들어주었어요.
그렇게 자란 딸은 용궁 여기저기를 돌아다니며 온갖 말썽을 부렸어요.
그러더니 나중에는 어머니를 꼬집고, 아버지 수염을 쥐어뜯으며, 누구 말도 듣지 않았어요.
"용왕님, 제발 공주님 버릇을 고쳐 주십시오."
참다못한 용궁의 신하들이 찾아와 하소연했어요.

용왕은 그동안 공주를 버릇없게 키운 걸 후회하며 명령을 내렸어요.
"무쇠 삼천 근으로 커다란 상자를 만들어라!"
용왕은 딸을 상자에 넣어 바다 밖으로 내쫓으려 했어요.
어머니 서해용녀는 딸을 인간 세상의 삼신할미로 만들기로 하고
딸에게 참실과 은가위를 주면서 어떻게 아기가 생기는지,
어떻게 배 속에서 아기가 자라는지 급하게 일러 주었어요.

상자가 다 만들어지자, 용왕의 딸은 삼신할미가 할 일을
다 배우지도 못한 채 상자 속에 갇혀 용궁 밖으로 쫓겨났어요.
상자는 바다 위로 떠올라 오랫동안 둥둥 떠다니다가 어느 바닷가 마을에 닿았지요.
사람들이 모여 상자를 열어 보니 안에서 참실과 은가위를 든 처녀가 나왔어요.
"나는 동해용왕의 딸이며 이 세상에 삼신할미 노릇을 하러 왔다!"
땅 세상 사람들은 용왕의 딸을 반기며 극진히 모셨어요.
그녀는 삼신이 되어 집집마다 아기를 *점지해 주었어요.

그런데 아기 낳게 해 주는 법을 완전히 배우지 못한 것이 큰 문제가 되었지요.
어느 집에는 계속 아기가 생겼고, 어느 집에는 아무리 기다려도 아기가 생기지 않았어요.
또 제때 아기가 나와야 하는데 *임부가 피를 흘리고
죽을 지경이 될 때까지 아기가 배 속에서 나오지 못하기도 했어요.
그러자 보다 못한 사람들이 산에 올라가 옥황상제에게 빌었습니다.
"저희를 살려 주십시오! 제발 다른 삼신할미를 보내 주십시오."
하늘에서 옥황상제가 그 소리를 듣고는 신하들에게
삼신 노릇을 잘할 만한 이가 있는지 물었어요.
"인간 세상 명진국에 일곱 살 난 따님아기가 있는데
이웃을 잘 돕고 부모에게 효도하며 아주 착하답니다."

*점지 : 신령이 사람에게 자식을 갖게 해 줌.
*임부 : 아이를 밴 여자.

옥황상제는 바로 명진국 따님아기를 하늘로 불러올렸어요.

그러고는 삼신 노릇 하는 법을 차근차근 가르쳤지요.

모든 것을 배운 명진국 따님아기는 삼신할미가 되어 땅으로 내려왔지요.

새 삼신은 집집마다 찾아다니며 동해용왕 딸이 잘못한 일들을 바로잡았어요.

"너는 누구냐?"

그때 동해용왕 딸이 나타나 물었어요.

"나는 하늘에서 보낸 삼신할미요."

"아니다. 삼신은 나다. 어디서 나타나 내 자리를 뺏으려 하느냐!"

동해용왕 딸은 명진국 따님아기를 꼬집고, 때리고, 발로 차며 괴롭혔어요.

둘은 누가 진짜 삼신할미인지 가려 달라고 옥황상제를 찾아갔어요.

옥황상제는 둘에게 꽃씨를 나눠 주며 심어서 정성껏 기르라고 했어요.

동해용왕 딸이 심은 씨앗에서는 꽃이 한 송이 피었는데,

명진국 따님아기가 심은 씨앗에서는 줄기마다 꽃이 탐스럽게 활짝 피었지요.

드디어 옥황상제가 말했어요.

"동해용왕 딸은 저승으로 가서 죽은 아기의 영혼을 돌보고,

명진국 따님아기는 다시 땅으로 가서 삼신할미가 되어 아기를 점지해 주어라."

그 뒤로 옥황상제의 뜻에 따라 동해용왕 딸은 저승으로 가고,

명진국 따님아기는 땅 세상의 삼신할미가 되어 집집마다 아기를 갖게 해 주었답니다.

우리나라

소별왕과 대별왕

옛날, 아주 먼 옛날 낮에는 해가 두 개 떴고, 밤에는 달이 두 개 떴대요.

그러니 더울 때는 한없이 덥고, 추울 때는 한없이 추웠지요.

게다가 수명장자라는 사납고 못된 이가 시도 때도 없이 나타나 사람들을 괴롭혔어요.

하늘 높은 곳에는 천지왕이 살았어요. 천지왕은 하늘나라 일을 하느라 바빴지요.

하지만 사람들이 자꾸만 천지왕에게 제사를 지내며

도와 달라고 간절히 빌자 드디어 마음을 먹었어요.

"이제 땅으로 내려가 사람들을 도울 때가 되었구나!"

천지왕은 용이 이끄는 금수레에 올라탔어요.

그 옆에는 번개장군과 벼락장군이 지키고, 하늘나라 일만 군사가 뒤를 따랐지요.

천지왕은 땅으로 내려온 김에 인간 세상을 한 바퀴 구경하려고 나섰어요.

그러다 날이 저물어 백주할멈이 사는 초가집으로 들어갔지요.

천지왕이 저녁밥을 얻어먹고는 잠을 자려는데 옆방에서 옥빗으로 머리를 빗는

은은한 소리가 들려왔어요. 백주할멈의 외동딸인 총명아기가 머리 빗는 소리였지요.

천지왕은 고운 총명아기를 보고 반하여 그날 밤, 부부의 인연을 맺었어요.

그렇게 사흘을 머문 천지왕은 더 이상 하늘을 비울 수가 없어서 떠날 준비를 하였어요.

천지왕은 총명부인에게 박씨를 건네며 말했어요.

"앞으로 쌍둥이 자식을 낳을 테니 이름을 대별, 소별이라 지으시오.

훗날 그 아이들이 나를 찾거든 이것을 전해 주시오."

천지왕은 총명부인과 헤어져 하늘로 올라갔어요.

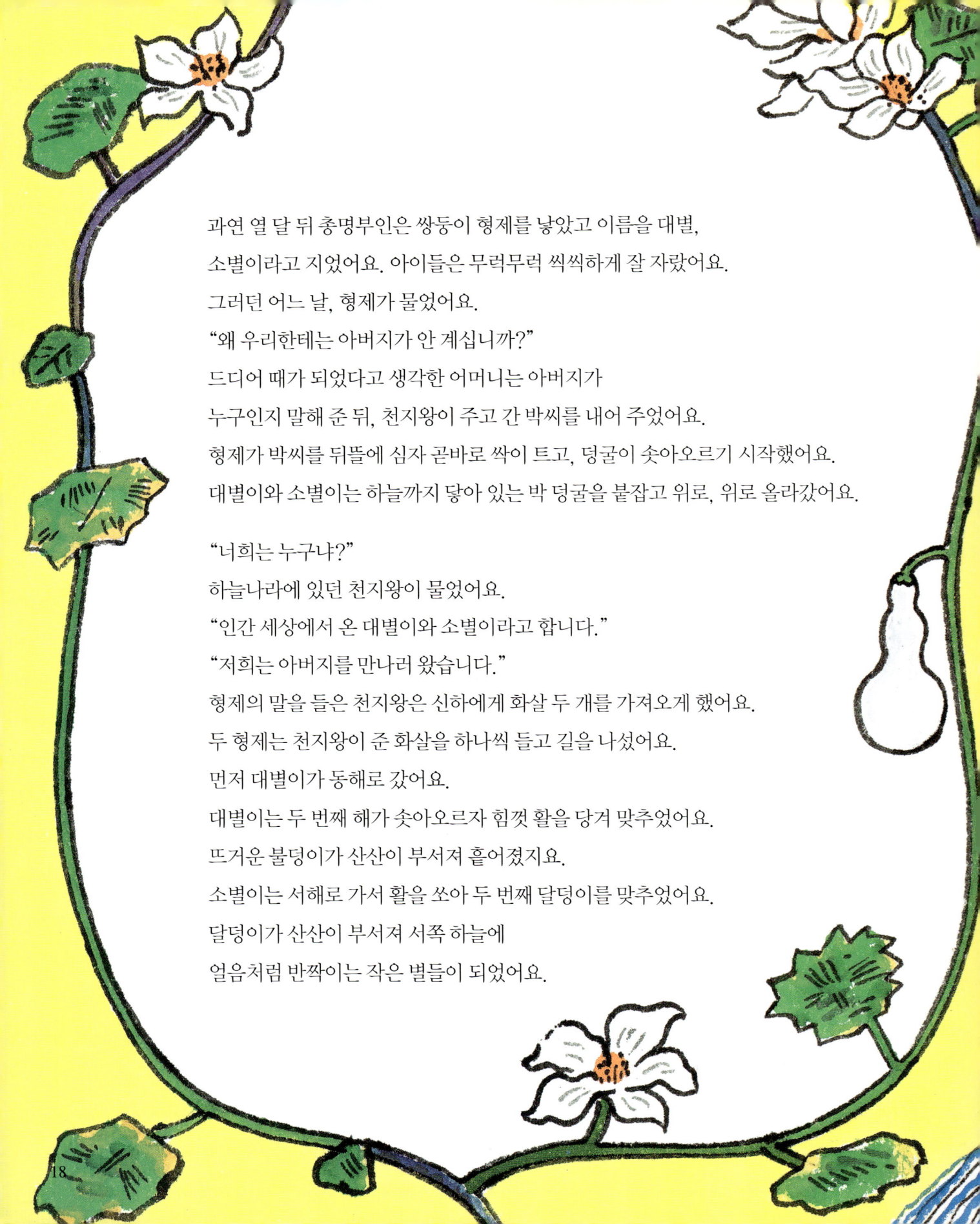

과연 열 달 뒤 총명부인은 쌍둥이 형제를 낳았고 이름을 대별, 소별이라고 지었어요. 아이들은 무럭무럭 씩씩하게 잘 자랐어요.
그러던 어느 날, 형제가 물었어요.
"왜 우리한테는 아버지가 안 계십니까?"
드디어 때가 되었다고 생각한 어머니는 아버지가
누구인지 말해 준 뒤, 천지왕이 주고 간 박씨를 내어 주었어요.
형제가 박씨를 뒤뜰에 심자 곧바로 싹이 트고, 덩굴이 솟아오르기 시작했어요.
대별이와 소별이는 하늘까지 닿아 있는 박 덩굴을 붙잡고 위로, 위로 올라갔어요.

"너희는 누구냐?"
하늘나라에 있던 천지왕이 물었어요.
"인간 세상에서 온 대별이와 소별이라고 합니다."
"저희는 아버지를 만나러 왔습니다."
형제의 말을 들은 천지왕은 신하에게 화살 두 개를 가져오게 했어요.
두 형제는 천지왕이 준 화살을 하나씩 들고 길을 나섰어요.
먼저 대별이가 동해로 갔어요.
대별이는 두 번째 해가 솟아오르자 힘껏 활을 당겨 맞추었어요.
뜨거운 불덩이가 산산이 부서져 흩어졌지요.
소별이는 서해로 가서 활을 쏘아 두 번째 달덩이를 맞추었어요.
달덩이가 산산이 부서져 서쪽 하늘에
얼음처럼 반짝이는 작은 별들이 되었어요.

"과연 너희는 내 아들이다."
천지왕이 기뻐하며 말했어요. 천지왕은 두 아들에게 새로운 일을 주기로 했어요.
각각 이승과 저승을 맡아 다스리는 일이었지요.
천지왕은 대별이와 소별이에게 꽃나무를 주고는 꽃을 잘 키운 사람이
이승을 맡고, 그러지 못한 사람이 저승을 맡으라고 했어요.
땅으로 내려온 형제는 공들여 꽃을 키우기 시작했어요.
그런데 대별이가 키운 꽃나무가 잘 자라 좋은 꽃을 피우는 순간,
소별이가 자기의 꽃나무와 바꿔치기했어요.

"아니, 이렇게 중요한 시합을 망치다니."
대별이가 아무리 화를 내어도 소별이는 꿈쩍도 하지 않았어요.
"꽃나무를 바꾸면 안 된다는 법은 없어. 지금 내가 가진 꽃이 더 잘 핀 게 중요하지!"
"좋다. 그 대신 이 세상에는 새로운 죄악들이 생겨나고 퍼질 것이다. 부디 잘 돌보도록 해라."
대별이는 이렇게 말하고는 뒤도 돌아보지 않고 저승으로 갔어요.
이로써 소별이는 소별왕이 되어 사람이 살아가는 이승을 다스리고,
대별이는 대별왕이 되어 사람이 죽어 머무르는 저승을 다스리게 되었답니다.

중국

세상을 만든 거인, 반고

아주 먼 옛날이었어요.
하늘도 없고 땅도 없고 물론 산과 들과 바다도 없었지요.
아무것도 없는 곳에 아주 커다란 알이 하나 있었어요.
그 알 속에는 알 수 없는 것들이 온통 뒤섞여 있었답니다.
그리고 알 한가운데에 한 거인이 잠에 빠져 있었지요.
그의 이름은 반고였어요. 무려 만 팔천 년 동안이나
잠에 빠져 있던 반고는 어느 날 잠에서 깨어났어요.
"뭐야, 왜 이리 어둡고 답답한 거지?"
반고가 힘껏 기지개를 켰어요.
그러자 커다란 알이 쩍 갈라지더니 그 안의 것들이 쏟아져 나왔어요.
마구 섞여 쏟아져 나온 것들 가운데 가볍고 맑은 것들은
서서히 위로 움직여 점점 하늘을 이루었어요.
어둡고 탁한 기운은 슬슬 아래로 움직이더니 땅이 되었지요.
온갖 것이 뒤섞인 좁고 복잡한 알 속에 있다가,
환한 하늘과 든든한 땅을 본 반고는 무척 기뻤어요.
이렇게 반고가 깨어나며 텅 비었던 세상에는
하늘과 땅이 생겨났답니다.

하지만 반고에게는 걱정이 하나 있었어요.
"아주 오랫동안 하늘이랑 땅은 하나였어.
또 언제 다시 붙을지 모를 일이야."

고민하던 반고는 팔다리를 쭉 뻗었어요.
두 다리는 땅을 단단히 짚고, 두 팔은 하늘을 꼭 받쳤지요.
반고의 키가 자라자 땅과 하늘 사이는 그만큼씩 더 멀어졌어요.

가인 반고는 하루에 삼 미터씩 무서운 속도로 자라났어요.
하늘과 땅도 같은 속도로 떨어졌지요. 반고는 하루하루
점점 더 떨어져 가는 하늘과 땅을 보며 흐뭇한 미소를 짓었어요.
반고는 무려 만 팔천 년 동안이나 하늘과 땅 사이에 버티고 서 있었어요.
그 덕분에 하루도 빠짐없이 떨어지던 하늘과 땅은
더는 붙을 수 없을 만큼 까마득히 떨어져 버렸답니다.
"아, 이제 다시는 하늘과 땅이 붙지 않을 거야."
그런데 반고는 점점 기운을 잃어 갔어요.

어느 날, 반고는 온몸의 힘을 잃고 그 자리에 쓰러졌어요.
하늘과 땅이 붙지 못하도록 버티느라 모든 기운을 다 써 버려 결국 죽음에 이른 거예요.
그때였어요. 거칠게 내쉰 반고의 마지막 숨결이 바람과 구름이 되어 날아갔어요.
우렁차던 목소리는 천둥이 되었어요. 왼쪽 눈은 태양이 되고, 오른쪽 눈은 달이 되었어요.
그의 두 팔과 다리는 하늘을 받치는 네 개의 기둥이 되었으며, 살은 나무와 흙이 되었어요.
핏줄은 길이 되고 피는 강물이 되었어요. 뼈와 이는 단단한 금속과 돌이 되었어요.
몸에 자란 털은 풀과 꽃이 되고, 땀은 빗물이 되었어요.
아무것도 없는 곳에서 태어난 반고가 모든 것을 만들어 냈어요.
반고는 평생 하늘과 땅 사이를 벌려 놓는 데 힘썼고,
앞으로 사람들이 살아갈 세상까지 만들어 낸 거예요.
우리는 반고의 몸으로 이루어진 세상에서 살아가고 있답니다.

인도

행운 신의 탄생

먼 옛날, 힌두교 최고신인 시바가 부인 파르바티와 함께 살고 있었어요.
집을 비우는 일이 많았던 시바가 어느 날 또 집을 떠났어요.
홀로 남겨진 파르바티는 무척 심심하고 외로웠어요.
목욕을 하려고 생각하니 누가 훔쳐보지는 않을까 걱정도 되었지요.
고민하던 파르바티는 이슬과 먼지, 진흙 따위를 긁어모아
사람의 형태를 만든 다음 생명의 숨결을 불어넣었어요.
그러자 똘똘하게 생긴 사내아이가 파르바티를 쳐다보았어요.
"정말 귀엽고 늠름하구나. 넌 이제부터 내 말만 따르는 착한 아들이란다.
자, 지금부터 집에 누구도 들어서는 안 돼. 알았지?"
단단히 일러 놓은 파르바티는 마음을 놓고 목욕을 하러 들어갔어요.

그런데 하필 그때 시바가 집으로 돌아왔어요.
시바는 당연히 집 안으로 들어가려 했고,
아이는 파르바티의 말에 따라 그런 시바를 막아섰어요.
낯선 이가 집 앞을 막아서니 시바는 당황했어요.
어떻게든 집 안으로 들어가려 했지만 아이는
더욱 사납게 시바를 밀쳐 냈어요. 최고신인 시바는
무척 화가 난 나머지 아이의 목을 베어 버리고 말았어요.

목욕을 마치고 나온 파르바티는 소리를 질렀어요.
"시바! 이게 무슨 짓이에요! 내가 만든 착하고 귀여운
아이의 목을 베다니! 당장 아이를 살려 내요!"
시바는 길길이 날뛰는 아내를 보고서야 자기를 막던 아이가
파르바티가 만든 아이라는 것을 알았어요. 어서 아내의 화를 달래야 했지요.
시바는 아이를 되살릴 능력이 있었지만, 아이의 목이 너무 멀리 날아가 찾을 수가 없었어요.
*브라흐마는 시바에게 머리가 날아간 방향으로 가다
처음 만난 것의 머리를 잘라 아이 몸에 붙이라고 말해 주었어요.
허겁지겁 거리로 나선 시바는 맨 먼저 코끼리 한 마리를 보았어요.
시바는 코끼리 머리를 잘라 가져와서는 아이 몸에 붙이고 생명을 불어넣었지요.
그러자 다시 살아난 아이가 시바와 파르바티를 바라보았어요.

비록 첫 만남이 좋지는 않았지만 시바는 이 아이를 무척 아꼈고,
어려움을 헤쳐 나갈 수 있는 슬기로움을 선물했어요.
아이는 사람들의 불행을 막아 주고 행복을 가져다주는 위대한 신이 되었지요.
이 신이 바로 코끼리 머리를 한 신, 가네샤랍니다.

*브라흐마: 시바, 비슈누와 함께 힌두교의 주된 신으로 우주의 창조신이다.

라오스

왜 인간은 하루에 세 번 밥을 먹을까?

옛날부터 사람들이 하루에 세 끼를 먹은 것은 아니었어요.
아주 먼 옛날 사람들은 끊임없이 먹어 댔어요.
게다가 쉬지 않고 똥을 쌌지요.

그러다 보니 세상은 온통 구린내 천지에 먹을 것도 부족했어요.
보다 못한 신이 신하를 불러 인간들이 사흘에 한 번만 밥을 먹게 하라고 명령했어요.
그런데 땅으로 내려온 신하는 신이 말한 내용이 헷갈리기 시작했어요.
'하루에 한 번? 아니야, 이틀에 세 번? 이것도 아닌데…….
그래, 하루에 세 번 밥을 먹으라고 했던 것 같아.'
신하는 인간들에게 하루에 세 번 밥을 먹으라고 전하고는 하늘로 올라왔어요.
한참 뒤 여전히 세상에서 구린내가 가시지 않자, 신이 신하를 불러 어찌 된 일인지 물어보았어요.
"분명히 사흘에 한 번만 밥을 먹으라고 명령했느냐?"
"하, 하루에 세 번 먹으라는 것이 아니었습니까?"
신하의 실수를 알게 된 신은 화가 난 나머지 신하를 쇠똥구리로 만들어 버렸어요.
그때부터 하늘 신의 신하는 땅에서 똥을 굴리며 살게 되었답니다.
인간은 지금까지 하루에 세 번 밥을 먹게 되었고요.

로마

늑대 젖을 먹고 살아난 쌍둥이 형제

먼 옛날, 알바 롱가라는 지역에 누미토르와 아물리우스라는 형제가 있었어요.
형 누미토르가 아버지의 뒤를 이어 알바 롱가의 왕이 되었어요.
하지만 동생 아물리우스가 형을 왕 자리에서 내쫓고 자기가 왕 자리를 차지했어요.
게다가 누미토르의 딸 레아 실비아를 결혼하지 못하도록 신전의 사제로 만들어 버렸지요.
혹시라도 형의 딸이 자식을 낳아 왕 자리를 넘볼까 봐 겁났던 거예요.
레아는 어떻게든 아버지 누미토르의 복수를 하고 싶었어요.
하지만 신전의 사제가 된 이상, 남편을 둘 수도 아이를 낳을 수도 없었지요.
레아는 아이가 생기기를 신에게 간절히 빌 수밖에 없었어요.
어느 날, 레아 앞에 전쟁의 신 마르스가 나타났어요.
"너의 정성스러운 기도를 들어주겠다."

그로부터 아홉 달 뒤, 아침에 눈을 뜬 레아 옆에 쌍둥이 사내아이가 누워 있었어요.
감격의 눈물을 흘릴 겨를도 없이 아물리우스의 병사들이 들이닥쳐 아이들을 빼앗아 갔어요.
아물리우스는 병사들을 시켜 아이들을 티베르 강에다 던지게 했답니다.
하지만 강물이 아이들을 팔라티노 언덕까지 데려다 주었어요.
그때 커다란 늑대 한 마리가 어슬렁거리며 아이들 곁으로 다가왔어요.

늑대는 아이들이 무척 가여웠어요. 굶주림에 지친 아이들은 덜덜 떨고 있었지요.

늑대는 아이들에게 젖을 물리고는 따뜻이 품어 주었답니다.

아이들은 늑대의 젖을 먹고 쌔근쌔근 잠들었어요.

그때 멀리서 양치기 한 명이 다가왔어요.

양치기는 늑대가 아이들을 품고 있는 모습을 보고 깜짝 놀랐지요.

양치기를 본 늑대는 유유히 숲으로 사라졌어요.

양치기의 눈앞에는 귀여운 사내아이 두 명만 남았지요.

"세상에, 늑대가 사람 아이를 품다니. 분명히 신이 내린 아이들이 틀림없어!"

양치기는 아이들을 안고 집으로 뛰어갔어요.

자식이 없던 양치기의 부인은 아이들을 보고 크게 기뻐했어요.

양치기 부부는 두 아이를 아들처럼 키우며, 로물루스와 레무스라는 이름도 지었어요.

로물루스와 레무스는 무럭무럭 잘 자랐답니다.

형제는 훗날 아물리우스 왕을 무찌르고 어머니를 구해 냈고,

할아버지 누미토르를 다시 왕으로 모셨답니다.

로물루스는 자신들을 키워 주었던 양치기의 집 근처에 도시를 세웠어요.

그 도시가 바로 로물루스의 이름을 딴 '로마'랍니다.

동유럽

사람이 여든까지 살게 된 이유

먼 옛날, 신이 사람과 당나귀, 개와 원숭이를 만들었어요.
신은 넷을 모아 놓고 각각 삼십 년씩 살라고 말했지요.
그런데 당나귀의 표정이 영 좋지 않았어요. 머뭇거리던 당나귀가 신에게 말했어요.
"신이시여, 제 삼십 년을 좀 덜어 주세요. 평생 짐을 지고 일해야 하는데,
그렇게 길게 살고 싶지 않아요. 십 년만 살면 좋겠어요."
신은 흔쾌히 허락했어요. 그러자 옆에서 눈치를 보던 개가 냉큼 말했어요.
"신이시여, 제 삼십 년도 좀 덜어 주세요. 평생 정신 바짝 차리고
언제 어디서 위험이 닥칠지 몰라 지켜야 하는데, 십 년만 살면 좋겠어요."
개의 말을 들은 신은 개에게도 그러라고 했어요. 그러자 원숭이가 입을 열었어요.
"신이시여, 제 삼십 년도 좀 덜어 주세요. 평생 사람들의 행동이나 따라 하며
남을 웃기고 살아야 하는데, 저는 이십 년만 살면 좋겠어요."
신은 원숭이의 부탁도 들어주었어요. 그러자 그동안 조용히 듣고 있던 사람이 말했어요.

"신이시여, 제 삼십 년은 좀 짧은 것 같습니다. 저는 좀 더 오래 살고 싶습니다.
다른 동물들이 마다한 수명을 제게 주시면 안 될까요?"
신은 사람의 부탁을 곰곰이 생각하더니 동물들이 내놓은 수명을
인간에게 주기로 했어요. 그래서 사람은 여든까지 살게 되었답니다.

이렇게 사람은 동물들에게서 수명을 나눠 받았기 때문에 동물과 비슷한 삶을
살게 되었어요. 서른 살까지는 처음에 인간이 자신의 몫으로 받았던 수명으로,
젊고 건강하며 큰 고민 없이 살아가지요.

하지만 그 뒤로 서른한 살부터 쉰 살까지는
당나귀로부터 받은 삶이기 때문에 당나귀처럼 쉬지 않고 일해야 해요.
이 시기에 사람은 아이를 낳고 가족을 돌보며 돈을 벌지요.
쉰한 살부터 일흔 살까지는 개로부터 받은 삶이기 때문에
언제 닥칠지 모를 위험으로부터 가족과 자신을 지키며 살아요.
일흔한 살부터 여든 살까지는 원숭이로부터 받은 삶이기 때문에,
다른 사람들을 따라 하며 도움을 받고 살아간답니다.

이집트

파라오가 되었던 태양신, 라

아주 먼 옛날, 세상에는 '라'만 존재했어요.
라는 생각하는 것, 말하는 것을 모두 이룰 수 있는 신이었답니다.
라는 스스로 태양신이 되기로 하고는 자기와 함께할 신들을 만들기 시작했지요.
라의 숨결에서 공기 슈와 습기 테프누트 남매가 태어났어요.
한번은 슈와 테프누트를 잃어버렸다가 되찾은 적이 있는데
그때 흘린 기쁨의 눈물방울이 인간이 되었다고 해요.
서로 사랑한 슈와 테프누트 사이에서 땅 게브와 하늘 누트 남매가 태어났어요.
게브와 누트도 사랑하는 사이가 되었답니다.
한편 라는 인간이 살 곳으로 이집트를 만들고는 거기에 강과 산, 나무, 동물, 물고기 등
여러 가지를 만들었어요. 일 년을 360일로 정하고 날도 만들었지요.
그러고는 직접 인간을 다스리기 위해 땅으로 내려왔어요.
라는 스스로를 '파라오'라고 부르며 인간들의 왕이 되었답니다.
파라오가 된 라는 이집트를 무척 평화롭게 잘 다스렸어요.
어느 날, 라는 이런 예언을 들었어요.
"앞으로 누트가 낳은 아이가 파라오가 되어 이집트를 다스릴 것이다."

깜짝 놀란 라는 단호하게 말했어요.

"절대 허락할 수 없다. 내가 만든 360일 가운데 단 하루도 누트가 아이를 낳아서는 안 돼."

하지만 이미 누트는 아이를 가졌어요. 라의 눈을 피해 게브와 이따금 만났던 거예요.

아이를 낳을 날이 다가오자, 누트는 걱정에 빠졌어요.

지혜의 신 토트는 그런 누트가 안쓰러워, 꾀를 내어 닷새를 더 만들었어요.

"내가 만든 닷새는 라가 말한 360일에 포함되지 않으니 그때 아이를 낳아도 될 것이야."

그리하여 누트는 닷새 동안 첫째 아들 오시리스, 둘째 아들 하르마키스,

셋째 아들 세트, 넷째 딸 이시스, 다섯째 딸 네프티스를 낳았어요.

남매끼리 결혼하는 풍습에 따라 훗날 오시리스와 이시스가 결혼했답니다.

한편 그사이 라는 많이 늙고 병들었어요. 오시리스가 라를 대신해

왕이 되길 원했던 이시스는 몰래 뱀을 만들어 라의 주변에 풀었어요.

뱀은 라에게 다가가 발뒤꿈치를 물었지요. 라는 무시무시한 고통에 빠졌어요.

하지만 이상하게도 그 누구도 라의 고통을 없애 줄 수 없었어요.

그때 이시스가 나타났어요. 마법을 부릴 줄 알았던 이시스는
독을 없애 주는 대신 라에게 이름을 말해 달라고 했어요.
"내 이름은 아침에는 케페라, 낮에는 라, 저녁에는 아툼이니라."
이시스는 라가 말해 준 이름으로 주문을 외웠지만,
라의 아픔은 사라지지 않았어요. 이시스는 라에게 분명히
다른 이름이 있다고 생각했어요.

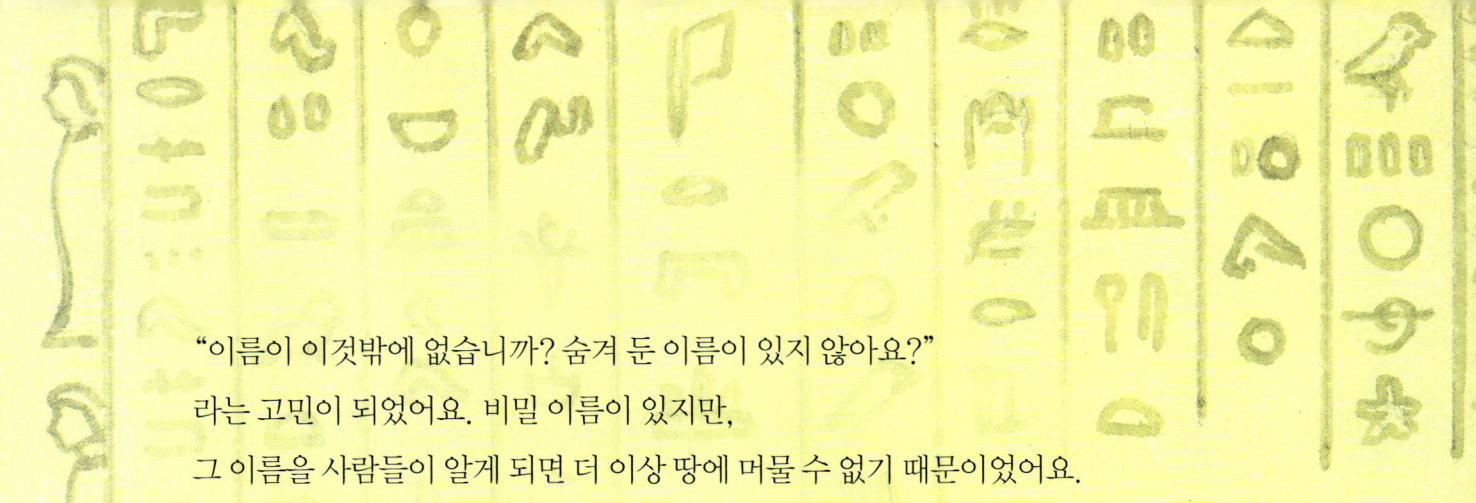

"이름이 이것밖에 없습니까? 숨겨 둔 이름이 있지 않아요?"
라는 고민이 되었어요. 비밀 이름이 있지만,
그 이름을 사람들이 알게 되면 더 이상 땅에 머물 수 없기 때문이었어요.
이시스는 그 약점을 알고 일부러 이름을 물었지요.
하지만 고통을 참을 수 없었던 라는 입을 열었어요.
"내 이름은, 아문 라이다."
이시스가 라의 이름을 대며 주문을 외우자 라의 고통이 씻은 듯이 사라졌어요.
하지만 라는 더 이상 인간의 왕으로 땅에 머물 수 없었어요. 다시 하늘로 돌아가야 했지요.
하는 수 없이 라는 오시리스에게 파라오의 자리를 물려주었어요.
그리고 자신은 태양이 되어 하늘로 떠올랐답니다.

아프리카

태양과 달이 생겨난 이야기

태양이 사람이었을 때가 있었어요.
그의 팔 안쪽에서는 항상 아주 환한 빛이 쏟아져 나왔지요.
하지만 태양은 너무 오래 산 나머지 죽을 날이 머지않았어요.
마을의 할머니는 태양이 곧 죽을 거라는 걸 알고는 사람들에게 그 사실을 알렸지요.
"태양은 곧 깨지 않을 잠에 들고 말 거야. 그럼 더 이상 밝고 따뜻한 빛을 볼 수 없어.
그 전에 아이들을 불러 모아 태양을 하늘 높이 던지라고 해.
그럼 태양은 하늘에 자리를 잡고 밝고 따스한 햇볕을 언제나 땅으로 비춰 줄 거야."

마을의 아이들은 태양이 잠든 틈을 타 몰래 다가갔어요.
그러고는 태양을 붙잡아 하늘로 높이 던져 올렸지요.
마을 사람들은 모두 태양이 하늘에서 자신들을 보살펴 주길 간절히 바랬어요.
하늘로 올라간 태양은 사람의 모습이 점점 사라지더니,
둥그런 모습으로 변해 갔어요. 그러더니 더욱 밝고 뜨겁게 빛났답니다.
그 뒤로 마을 사람들은 태양이 없어질 염려 없이 잘 살았어요.
물론 추워서 떨 걱정도 없고, 어두워서 앞이 안 보일 걱정도 없었답니다.
태양은 언제나 변함없이 하늘에 있어 주었거든요.

달도 역시 처음에는 마을 사람이었어요. 하지만 하늘에 올라 둥그런 달이 되었지요.
처음에는 태양이 지고 난 어두운 밤하늘을 지키는 일만 했어요.
그러던 어느 날, 태양이 떠올랐는데도 달이 지지 않고 자리를 양보하지 않았어요.
자기가 낮 하늘의 주인이라고 생각한 태양은 마음대로 하늘을 차지하고 있는
달을 보고 화가 났어요. 태양은 칼을 휘둘러 달을 찔러 버렸지요.
그러자 시간이 지날수록 둥그런 달이 점점 쪼그라들어 마침내 구부러진 등뼈만 남았어요.
결국 얼마 동안은 낮 하늘을 넘보기는커녕 밤에도 제대로 하늘에 나오지 못했답니다.
달이 그렇게 며칠 집에서 쉬고 다시 하늘로 나오니 점점 살이 오르기 시작했어요.
마침내 본래의 둥그런 모습이 되었지요.
그런데 태양에게 찔렸던 그때가 돌아오자 달은 다시 저절로 살이 빠졌어요.
그래서 달은 지금까지도 살이 쪘다, 빠졌다를 반복하고 있답니다.

아메리카

사람 만들기

아주 먼 옛날, 사람들은 땅속 아주 깊은 곳에 있었어요.
무려 네 단계의 지하 세계를 거쳐야 도착하는 곳에 살고 있었지요.
그곳은 햇빛이 한 줌도 닿지 않아 무척 컴컴했어요.
태양은 두 아들을 불러 사람들을 땅 위로 데려오라고 시켰지요.
단숨에 땅 밑으로 내려간 형제는 사람들을 보고 깜짝 놀랐어요.
형태를 알아볼 수 없는 몸뚱이에 꼬리가 달리고 눈, 코, 입도 없었기 때문이에요.
말로만 들었던 것보다 더 흉한 모습이었지요.
형제는 곧 사람들을 데리고 땅 위로 올라가기로 했어요.
사람들도 흔쾌히 형제를 따랐어요. 하지만 한 단계, 한 단계,
위로 올라갈수록 사람들은 힘들어했어요. 형제는 사람들을 격려했지요.
"자, 이제 마지막 한 단계만 더 올라가면 따스한 햇볕을 받을 수 있어요. 기운 내요."
손과 발이 없기 때문에 거의 기어가듯 힘겹게 올라가던 사람들은 마지막 힘을 짜내었어요.
그때였어요. 온몸이 타 버릴 듯 뜨거운 태양의 기운이 쏟아져 내렸어요.
그러더니 차츰 따뜻한 기운이 사람들을 감쌌어요.
"따뜻하고 포근한 이런 기분은 처음이에요……. 이게 태양인가요?"
사람들은 감격의 눈물을 흘렸답니다.

사람들을 땅 위로 데려온 형제는 땅 위에서 살아가는 방법을 알려 주어야 했어요.

형제는 사람들에게 물과 옥수수를 주었지만 사람들은 입이 없어 먹지도 마시지도 못했어요.

형제가 일일이 입을 뚫어 주자 사람들은 비로소 물과 옥수수를 배불리 먹었답니다.

그런데 사람들에게는 똥, 오줌을 내보낼 구멍도 없었어요.

형제는 똥구멍도 뚫어 주었지요. 그제야 사람들은 배불리 먹고 마음껏 쌌답니다.

형제는 하늘로 올라가기 전에, 자신들이 없어도 사람들이 먹고살 수 있도록
만들어 주기로 했어요. 얼기설기 얽혀 있던 몸의 이곳저곳을 끊어
다리와 팔을 만들고, 꼬리도 잘라 주었어요.

"마음껏 옥수수도 요리해 먹을 수 있고,
사냥도 할 수 있을 거야. 이제 안심해도 되겠어."
사람들이 사람의 모습을 갖추게 되자
형제는 뿌듯한 기분이 들었어요.
아버지인 태양도 분명 만족할 것 같았지요.
자유롭게 움직일 수 있게 된 사람들은 뛸 듯이 기뻤어요.
형제는 사람들의 따뜻한 배웅을 받으며
하늘로 돌아갔답니다.

오세아니아

섬을 건진 마우이

먼 옛날 뉴질랜드에 마우이라는 아이가 살고 있었어요.

처음 마우이가 태어났을 때, 어머니는 아기가 죽은 줄 알고 바다에 던졌어요.

바다의 신들이 보살핀 덕분에 마우이는 무사히 다시 어머니와 가족들의 품으로 돌아왔답니다.

마우이는 꾀와 재주가 많았지만 형들에게 항상 미움을 받았어요.

그래서 훌륭한 낚시 솜씨를 형들에게 보여 주어 인정을 받기로 했지요.

'형들을 놀라게 할 만큼 엄청난 걸 낚으려면 뭔가 특별한 게 있어야 할 텐데…….'

고민하던 마우이는 어렸을 때 자기를 길러 주었던 할머니를 찾아갔어요.

할머니라면 특별한 낚싯바늘을 만들어 줄 거라고 생각했기 때문이에요.

하지만 할머니는 벌써 돌아가시고 안 계셨어요.

그래서 마우이는 돌아가신 할머니의 턱뼈를 가지고 돌아와 낚싯바늘을 만들었지요.

마우이는 그 낚싯바늘을 무척 귀하고 특별하게 여겼어요.

마우이는 할머니의 턱뼈로 만든 낚싯바늘을 가지고 형들에게 갔어요.

"형들! 이번에 바다에 나갈 때는 나도 데려가 줘."

형들은 마우이를 데려가기 싫었지만 마우이가 덥석 배 위에 자리를 잡는 바람에 마지못해 함께 낚시를 떠났어요.

한참 노를 저어 배가 바다 한가운데로 나아가자,
마우이는 품 안에서 낚싯바늘을 꺼내 바다로 던졌어요.
드디어 낚싯바늘에 무언가 걸리자
마우이는 힘껏 낚싯줄을 끌어당겼어요.
어마어마한 무게가 낚싯줄을 팽팽하게 끌어당겼어요.
낚싯바늘은 무서운 힘으로 그것을 움켜쥐고 있었지요.
낚싯바늘에 걸린 것이 서서히 바다 위로
모습을 드러내기 시작했어요. 그때였어요.
"으아악!"

맨 뒤에서 노를 젓던 형이 소리를 질렀어요.

바다 위로 거대한 땅이 서서히 올라오고 있었기 때문이에요.

너무 놀란 형이 노를 휘두르는 바람에 낚싯줄이 툭 끊어졌어요.

그 바람에 바다 위로 올라오던 거대한 땅이 멈추었지요.

하마터면 어마어마하게 큰 대륙이 몽땅 다 바다 위로 올라올 뻔했어요.

하지만 낚싯줄이 끊어지는 바람에 작고 아담한 섬이 되었어요.

그 뒤로 형들은 마우이를 우습게 보거나 미워하지 않았지요.

마우이는 자기가 건져 올린 땅을 무척 아껴

예쁜 나무와 꽃을 심고 아름답게 가꾸었어요.

그 땅이 바로 오늘날 뉴질랜드의 북섬이랍니다.

그리스 로마 신화 올림포스 가디언 68
우리 신화를 만나다, 세계 신화를 만나다

글 박은하 **그림** 윤상설

펴낸이 양원석
펴낸곳 (주)알에이치코리아
등록 2004년 1월 15일 제2-3726호
주소 서울특별시 금천구 가산디지털2로 53, 20층 (한라시그마밸리)
문의전화 02)6443-8800

ISBN 978-89-255-4353-6(74800)
ISBN 978-89-255-4354-3(세트)

값 12,800원

명화 구입처 유로크레온㈜

※잘못된 책은 구입하신 곳에서 바꾸어 드립니다.
※책 모서리가 날카로워 다칠 수 있으니 사람을 향해 던지거나 떨어뜨리지 마십시오.

알에이치코리아 홈페이지와 카페, SNS로 들어오시면 자사 도서에 대한 더 많은 정보와 다양한 이벤트 혜택을 확인할 수 있으며,
E-book몰에서는 전자북으로도 만나볼 수 있습니다.
주니어RHK 홈페이지 http://jrrhk.com | E-book몰(RHK북스) http://ebook.rhk.co.kr | 북카페 http://cafe.naver.com/randomhousekorea
페이스북 https://www.facebook.com/rhk.co.kr | 트위터 @randomhouse_kr | 유튜브 http://www.youtube.com/randomhousekorea